AF247200

PROJET
D'ORDONNANCE ROYALE

SUR

LE RÉGIME DES DOUANES A LA GUYANE.

PROJET

D'ORDONNANCE ROYALE

SUR

LE RÉGIME DES DOUANES A LA GUYANE.

PARIS,

IMPRIMERIE D'AD. BLONDEAU, RUE RAMEAU, 7

(PLACE RICHELIEU).

—

1847.

PROJET D'ORDONNANCE.

ARTICLE PREMIER.

A partir du 1ᵉʳ janvier 1847, le régime des douanes à la Guyane française sera modifié de la manière suivante :

§ Iᵉʳ.

IMPORTATIONS.

Les marchandises de toute nature et de toute provenance seront admises, savoir :

Par navires français, en franchise de droits.

Par navires étrangers, en payant 5 p. 100 de la valeur.

§ II.

EXPORTATIONS.

Les produits et denrées de la colonie, et les marchandises provenant de l'importation, pourront être exportés, par tous pavillons, en franchise de droits.

§ III.

NAVIGATION.

Les transports entre la France et la Guyane française, *et vice versâ,* demeurent exclusivement réservés au pavillon français.

Les navires français arrivant de France ou de tout autre pays, seront exemptés de tous droits de navigation, sous quelque dénomination que ce soit. Les navires étrangers paieront, pour tous droits de tonnage et autres, une taxe unique de 4 fr. par tonneau.

ARTICLE II.

MARCHANDISES DE LA GUYANE, EXPÉDIÉES SUR LA MÉTROPOLE.

Les produits de la Guyane française qui jouissent en France du privilége colonial, continueront d'être admis aux modérations de tarif fixées par les lois et règlements; mais pour les garanties qui seront annuellement déterminées par nos ministres secrétaires d'Etat de la marine, des finances et du commerce, et dont l'origine sera authentiquement justifiée.

A cet effet, il sera opéré tous les ans, par les soins de l'administration locale, un recensement qui contastera le montant des différentes productions, les quantités à déduire pour la consommation coloniale, et celles auxquelles il y aura lieu d'appliquer, en France, les droits de faveur.

ARTICLE III.

A partir de ladite époque, 1ᵉʳ janvier 1847, les bois de toute espèce et les cotons en laine, originaires de la Guyane française, seront admis dans les ports de France, en franchise de tous droits.

ARTICLE IV.

Toutes les dispositions contraires à la présente ordonnance sont et demeurent abrogées.

ARTICLE V.

Nos ministres secrétaires d'Etat aux départements de la marine, des finances et du commerce, sont chargés, chacun en ce qui le concerne, de l'exécution de la présente ordonurnce.

MINISTÈRE DE LA MARINE ET DES COLONIES.

Paris, le 7 novembre 1846.

Monsieur,

Un projet d'ordonnance a été préparé par mon département, en 1844, de concert avec l'administration de la Guyane, à l'effet de régler d'une manière générale, le régime et le tarif des douanes de cette colonie.

Ce projet, communiqué par mes soins à M. le ministre du commerce, a donné lieu, de la part de son département, à un contre-projet rédigé sur des bases différentes.

Les questions qui se rattachent à ce double travail, sont encore à l'état d'examen entre MM. les ministres du commerce et des finances et moi. Je crois cependant pouvoir, dès à présent, ainsi que vous en avez exprimé le désir, vous faire connaître l'un et l'autre projets d'ordonnance ; je vous prie seulement de vouloir bien en considérer la communication comme confidentielle, et je n'ai pas besoin d'ajouter que je recevrai avec beaucoup d'intérêt les observations que vous suggéreront ces documents.

Recevez, Monsieur, l'assurance de ma considération très distinguée,

Le vice-amiral, pair de France, ministre secrétaire d'Etat de la marine et des colonies,

Signé BARON DE MAKAU.

A M. Favard, délégué de la Guyane française.

CONSEIL DES DÉLÉGUÉS DES COLONIES.

Paris, le 8 décembre 1846.

Monsieur le Ministre,

J'ai l'honneur de vous remettre les documents ayant pour objet de régler le régime des douanes à la Guyane, dont Votre Excellence a bien voulu me donner communication.

Les études que j'ai dû faire sur les différentes dispositions qu'ils contiennent, ont donné lieu à une note développée, dans laquelle j'ai été amené à proposer différentes modifications au projet d'ordonnance préparé par le département du commerce, lesquelles, si elles pouvaient prévaloir, influeraient favorablement, j'ose le croire, sur l'état de la Guyane et sur le développement de la navigation nationale.

Si ces propositions paraissaient, aux yeux de Votre excellence, trop s'écarter des règles du système général des douanes du royaume, je la prie de vouloir bien se rappeler qu'il s'agit ici d'une position toute exceptionnelle, et que les moyens ordinaires seraient insuffisants pour sauver notre colonie de la Guyane de la ruine dont elle est menacée.

Je suis, avec un profond respect, Monsieur le Ministre,
Votre très humble et très obéissant serviteur,

Le délégué de la Guyane française,

Signé **M. FAVARD.**

A Monsieur le Ministre secrétaire d'Etat de la marine
et des colonies.

NOTE

Sur le projet d'ordonnance royale ayant pour objet de régler le régime des Douanes à la Guyane française.

Pour apprécier avec quelque exactitude le projet d'ordonnance royale préparé par le département du commerce, pour régler le régime des douanes à la Guyane, il convient avant tout, de se rendre compte de l'état de la législation qui régit aujourd'hui les relations commerciales de ce pays, et de comparer la situation actuelle avec celle qui devra sortir de la reforme proposée. Le résultat de ce travail sera de faire connaître si les conséquences de la nouvelle ordonnance répondront aux intentions bienveillantes qui l'ont inspirée.

Depuis près d'un siècle, le régime des douanes appliqué à la Guyane française repose sur le principe de la liberté, et si dans ses derniers temps il y a été dérogé dans certaines parties, du moins n'y a-t-on pas entièrement renoncé, et on peut dire encore aujourd'hui, que ce principe domine la législation commerciale de cette colonie.

D'abord, soumise ainsi que toutes les autres possessions françaises au système général qui, dans le principe, régla les relations de nos colonies avec la métropole, la Guyane en fut affranchie par lettres-patentes du roi du 1er mai 1768 ; et, par cet acte, le principe de la liberté commerciale fut substitué à celui de la prohibition, ainsi que le constatent ses deux premiers articles.

ARTICLE 1er.

« Les navires étrangers auront la liberté, pendant douze
« ans, d'aller à l'isle de Cayenne, au seul port de ladite isle,
« y échanger et commercer leurs cargaisons de quelque na-
« ture qu'elles soient, en faire l'échange tant avec les denrées
« du crû de ladite isle de Cayenne et de la Guyane française,
« qu'avec toute denrée et marchandise d'Europe, en payant
« seulement 1 p. 100 de la valeur, soit des marchandises
« importées, soit de de celles exportées de la colonie. »

ART. 2.

« Les navires français qui partiront des ports de France
« pour aller en ladite isle de Cayenne, pourront y porter
« toutes marchandises quelconques en payant également le
« droit de 1 p. 100. »

Ces franchises renouvelées par un arrêt du conseil du roi du 15 mai 1784, furent confirmées par une ordonnance de S. M. Louis XVIII, en date du 23 avril 1817, rendue lorsque, par la paix de 1815, la colonie dût être restituée à la France.

Toutefois, on ne tarda pas à porter atteinte à ces franchises et divers actes administratifs vinrent leur poser des restrictions. Je citerai :

1° La décision du ministre des finances du 7 février 1818, qui borne aux seules marchandises étrangères non prohibées à l'entrée en France, leur libre réexportation pour la Guyane;

2° L'ordonnance coloniale du 8 mars 1819, qui établit des droits élevés sur les marchandises et le pavillon étranger;

3° L'arrêté ministériel du 10 mars 1820, prohibant l'importation des tissus étrangers;

4° L'arrêté colonial du 26 décembre 1827, qui régit encore aujourd'hui le commerce de la colonie; en voici les dispositions principales.

DROITS D'ENTRÉE.

COMMERCE FRANÇAIS.

Les marchandises françaises venant directement des ports de France par bâtiments français, paieront 2 p. 100 de leur valeur;

Les marchandises prises à l'étranger par navires au long cours ou par caboteurs français, paieront, savoir :

Celles comprises au tableau annexé au présent. 3 p. 100.

Et les autres dont l'introduction n'est pas prohibée 10 p. 100.

COMMERCE ÉTRANGER.

Les marchandises introduites par navires étrangers et qui sont comprises dans la nomenclature du tableau ci-annexé, paieront. . . . . 5 p. 100.

Et les autres marchandises, non prohibées à l'importation. . . . . , ... 10 p. 100.

DROITS DE SORTIE.

COMMERCE FRANÇAIS.

Les denrées et productions du sol de la Guyane française qui sortiront de la colonie par bâtiments français, pour un port de France, ou des autres colonies françaises, paieront. . . . . 1/2 p. 100.

Les mêmes marchandises exportées pour l'étranger 1 p. 100.

COMMERCE ÉTRANGER.

Les navires étrangers qui exporteront des denrées et productions coloniales du sol de la Guyane, paieront.   2 p. 100.

Seront affranchis de tout droit à l'importation par tout pavillon, quelle que soit l'origine des objet et des marchandises:

Les animaux vivants, les métaux précieux en lingots ou monnayés, les instruments d'agriculture, les machines mécaniques ayant pour objet de suppléer au travail de l'homme et des animaux, etc.

Nous ne pousserons pas plus loin ces citations, qui nous paraissent suffisantes pour établir l'état de la législation des douanes qui régit aujourd'hui la Guyane française; et pour faire connaître comment, en dérogeant peu à peu au principe général qui domine cette législation, on est arrivé à y substituer un système de nomenclature et de droits différentiels.

Le projet dont nous nous occupons reviendrait au système des lettres-patentes de 1768, c'est-à-dire qu'il procéderait par principe au lieu de procéder par nomenclature. Nous serions disposés à applaudir à ce retour vers un système plus large et plus libéral, si dans son application il répondait sérieusement aux intentions que l'on doit supposer l'avoir dicté. Mais il est facile de reconnaître qu'après avoir, dans son article 1er, posé les bases d'un régime de liberté, on établit à ce régime, par les articles suivants, des restrictions telles qu'en résultat la Guyane ne serait pas mieux partagée par cette nouvelle ordonnance qu'elle ne l'est aujourd'hui. C'est ce que nous allons nous attacher à démontrer, en examinant successivement les différents articles du projet.

ARTICLE PREMIER.

IMPORTATIONS.

« Les marchandises de toute nature et de toute provenance seront admises, savoir :

« Par navires français, en franchise de droit ;

« Par navires étrangers, en payant 5 p. 100 de la valeur. »

En examinant cette disposition au point de vue de l'intérêt de la colonie, nous reconnaîtrons qu'elle lui offre quelques avantages, puisqu'elle fait disparaître le droit de 2 p. 100 imposé par la législation actuelle sur les marchandises françaises, sans élever celui qui existe sur le commerce étranger ; il est donc évident qu'il y a bénéfice pour le consommateur.

On pourra bien objecter que certaines marchandises admises aujourd'hui en franchise de droit par pavillon étranger vont avoir à supporter la taxe de 5 p. 100 prescrite par la nouvelle ordonnance ; mais il faut reconnaître que l'importation de ces marchandises étant extrêmement rare, c'est là une faveur dont l'effet ne se fait sentir que faiblement, tandis qu'au contraire d'autres marchandises, dont l'usage serait beaucoup plus étendu dans la colonie avec un tarif moins élevé, sont aujourd'hui taxées à 10 p. 100, ou exclues à l'importation. Ces barrières devant tomber pour faire place au droit général de 5 p. 100, il n'est pas douteux que le consommateur ne doive y trouver quelque avantage.

Au point de vue de la protection due au commerce national, l'article nous paraît également bien conçu, puisque, sans atteindre le consommateur, en supprimant le droit de 2 p. 100 qui pesait sur l'importation par navires français, il élève par le fait à 5 pour cent la protection qui n'est aujourd'hui que de 3 p. 100. Nous ne saurions donc qu'applaudir à cette disposition, si nous n'y trouvions la difficulté qui résulte du traité de 1822 entre la France et les Etats-Unis, et de la convention de 1826 signée avec l'Angleterre.

Ces traités exigent en effet que les marchandises de ces nations venant directement des lieux de production, sous le pavillon national, soient traitées à l'importation dans un port français, sur le même pied que si elles étaient importées par le pavillon français. Ainsi, par exemple, comme on ne pourrait pas, sans violer le traité de 1822, imposer un droit plus élevé sur les cotons venus des Etats-Unis par navires américains que s'ils étaient introduits par navires français, il semble logique que cette même obligation doive dominer le commerce entre les Etats-Unis et la Guyane, puisque le traité ne fait aucune exception pour les colonies. Cette argumentation s'applique également à l'Angleterre.

Il résulterait donc de cette situation, si toutefois il n'y a pas erreur de notre part, que la protection de 5 p. 100 que l'art. 1er du projet d'ordonnance aurait voulu accorder au pavillon national, pourrait être l'objet de réclamations de la part des deux puissances avec lesquelles nous avons des engagements, et qu'il faudrait se borner à taxer simplement les marchandises étrangères, quel que soit d'ailleurs le pavillon d'importation.

En admettant l'exactitude de ces réflexions, nous indiquerions un moyen détourné d'arriver au même but pour certaines marchandises, et sans porter atteinte aux traités qui nous obligent envers les autres nations. Ce serait de stipuler par exception la franchise de droits pour les marchandises étrangères venant des entrepôts de France par navires français.

Cette mesure n'aurait, à vrai dire, aucun effet sur les produits américains, qui ne viendraient pas certainement faire escale dans les entrepôts français, mais elle assurerait à la navigation française le transport d'une grande partie des marchandises venant d'Angleterre ou de la Belgique, lesquelles, pour éviter la taxe de 5 p. 100 dont seraient frappées les marchandises étrangères venant directement des lieux de production, viendraient s'entreposer au Havre, à Nantes ou à Bordeaux, pour y être chargées sous le pavillon français, et jouir de la franchise qui lui serait accordée.

Les marchandises qui pourraient s'expédier par cette voie sont nombreuses, et d'une consommation assez importante dans la colonie; ce sont :

Les outils d'agriculture et articles de quincaillerie anglaise, les tissus de laine et coton, les vêtements confectionnés pour les nègres, le bœuf salé et fumé, le beurre d'Irlande, les toiles de Flandre et d'Irlande, les tissus des Indes, etc. Tous ces objets sont fort recherchés à la Guyane, et y formeront une branche de commerce importante, du moment que leur admission dons le pays ne sera plus gênée par un tarif trop élevé.

Le même article ne faisant aucune exception à l'importation pour les produits désignés sous la dénomination de denrées coloniales, il demeure entendu, par conséquent, que tous les produits naturels du Brésil seraient admis à l'importation. Nous pensons que c'est là une excellente disposition de nature à favoriser largement le commerce de la colonie, sous plusieurs rapports.

Le premier avantage qui s'y rencontrera sera de fournir aux navires français qui stationnent sur rade de Cayenne, en attendant un chargement, les moyens de compléter promptement leurs cargaisons, en ajoutant les produits du Brésil à ceux qui proviennent du sol même de la colonie, et qui, malheureusement, sont fort limitées. Cette difficulté d'opérer promptement les chargements des navires employés au commerce de la Guyane, a été jusqu'ici une des plus grandes causes du peu de développement du commerce de cette colonie, et cette circonstance, il faut le reconnaître, a réagi d'une manière funeste sur l'agriculture.

Si, en effet, un navire est obligé de rester trois mois sur rade pour compléter son chargement de retour, lorsque, au contraire, cette opération aurait dû se faire dans un mois, il n'est pas douteux alors qu'il se trouve entraîné à des frais, à des pertes d'intérêts sur son capital, qui surchargent d'autant l'opération qu'il a entreprise. Or, comme au bout du compte, il faut que l'armateur retrouve à la fin de son opération l'intérêt de son capital et quelques bénéfices, il s'ensuit qu'il commence par élever le prix de vente de ses marchandises d'importation, qu'il abaisse le prix d'achat des denrées coloniales sur lesquelles s'opèrent ses retours, enfin, qu'il augmente considérablement le prix de son fret pour les marchandises qu'il charge à ce titre. Eh bien! toutes ces opérations retombent, sans aucun doute, à la charge du planteur, qui est en même temps consommateur des marchandises d'Europe, et producteur des denrées d'exportation; et il résulte de cette fausse situation que, malgré toute la fertilité du sol de la Guyane, malgré l'activité de ses habitants, l'agriculture de cette colonie se trouve surchargée d'une si énorme masse de frais, qu'elle demeure toujours obérée, et n'a jamais présenté cette situation de prospérité dont les autres colonies nous ont souvent offert des exemples.

Par l'admission à l'importation des denrées étrangères qui toutes, nous le répétons, viendront du Brésil, à cause des facilités que présente la navigation de cette contrée au port de Cayenne, ces difficultés seront notablement atténuées, puisque nos navires pourront trouver, sur la place, pour compléter leurs chargements en retour, des cafés, des cotons, des rocous, des bois de couleur, des bois de teinture, de la salsepareille, des colles de poisson, des gommes, des résines, des chanvres propres à la fabrication du papier, enfin cette infinité de produits que l'on peut si facilement tirer de l'Amazone, et qui viendront s'agglomérer à Cayenne comme à un lieu d'entrepôt.

Dès aujourd'hui, et malgré l'état de la législation, il existe chez les commerçants de la Guyane quelques dispositions à nouer des opérations commerciales avec le Brésil; chaque année (1) plusieurs navires partent du port de Cayenne pour aller prendre au Para des bœufs et des chevaux, qu'ils chargent sur le pont; et comme ils n'ont aucune autre marchandise d'importation à mettre sous pont pour compléter leur

____

(1) En 1844 huit navires de 200 tonneaux ont été employés à cette navigation.

chargement, ils sont forcés de perdre cette portion de fret ou du moins de la répartir sur les bestiaux qu'ils transportent, ce qui en augmente considérablement la valeur à la vente et rend ces opérations beaucoup moins fréquentes que les besoins du pays l'exigeraient. L'admission des produits brésiliens à la Guyane aurait donc pour conséquence de développer entre les deux nations un commerce intéressant pour la colonie et de nature à alimenter utilement la navigation nationale.

Nous ignorons si les mêmes traités qui dominent la question pour les États-Unis et l'Angleterre existent entre la France et le Brésil ; mais même en supposant qu'il en fût ainsi, nous pensons que la navigation française n'aurait besoin d'aucune protection contre celle de cette puissance, vu le peu de développement de celle-ci, et les difficultés qui résulteraient de l'état des vents et des courants, sur la côte, pour les navires brésiliens qui devraient opérer leur retour sur Rio Janeiro et Fernambuco, contrairement aux navires français dont les retours s'opéreraient sur l'Europe.

§ 2.

« Les produits et denrées de la colonie et les marchan-
« dises provenant de l'importation pourront être exportés
« par tous pavillons en franchise de droits. »

Nous n'avons rien à objecter contre cet article auquel nous nous rallions entièrement ; seulement, nous ferons observer qu'il existe à la Guyane, comme dans toutes nos autres colonies, une taxe à la sortie des denrées du pays destinée à remplacer un impôt de capitation sur les esclaves de culture, et dont le produit figure au budget du service intérieur. Il conviendrait non-seulement d'éviter que cette taxe ne fût supprimée par suite de ce paragraphe ; mais il faudrait encore y assujétir les denrées provenant de l'importation, par assimilation à celles du sol de la colonie; on obtiendrait ainsi une certaine augmentation au budget des recettes locales, qui servirait à défrayer la colonie des frais d'entretien des quais et de surveillance du port.

§ 3.

« Les transports entre la France et la Guyane française,
« *et vice versâ*, demeurent exclusivement réservés au pa-
« villon français.

« Les navires français arrivant de France et de tout autre
« pays seront exempts de tous droits de navigation, sous
« quelque dénomination que ce soit. Les navires étrangers
« paieront pour tous droits de tonnage et autres, une taxe
« unique de 4 fr. par tonneau. »

Nous aurons d'abord à objecter contre ce dernier paragraphe, qu'il nous paraît encore contraire aux dispositions des traités de 1822 à 1826 dont nous avons déjà parlé, puisqu'on arriverait, par ce moyen, à surtaxer les marchandises venant directement des lieux de production par navires étrangers. Mais, à part ce motif, nous réclamerons encore contre cette taxe de 4 fr. par tonneau sur la navigation étrangère dans l'intérêt de la colonie, pour qui elle pourrait être extrêmement funeste.

Il faut, en effet, pour bien en apprécier les effets, reconnaître d'abord qu'une grande partie de l'approvisionnement de la Guyane, en comestibles, est faite par le commerce des Américains, et se rendre compte de leur manière d'opérer.

Le port de Cayenne étant situé au vent de toutes les autres colonies, les navires américains viennent d'abord le reconnaître et y prendre langue pour savoir s'ils peuvent trouver à y placer leur cargaison. Si le marché est favorable, ils y traitent de leur cargaison entière ; dans le cas contraire, ils se contenteront de vendre quelques barils de farine ou de bœuf, et lèveront l'ancre pour aller achever leur vente à Surinam, Demerari ou la Trinité, colonies situées à quarante-huit heures de navigation du port de Cayenne.

Cette manière de traiter leur est facile, parce que, n'ayant aucun frais à payer dans le port, ils peuvent se risquer à y entrer sous l'éventualité de n'y faire que peu ou point d'affaires. Mais il n'en sera plus ainsi quand ils seront assujétis à une taxe de navigation de 4 francs par tonneau ; l'inquiétude d'avoir à la payer pour rien suffira pour les écarter du marché, et la colonie par ce seul motif, pourrait se trouver exposée à manquer fort souvent des objets qui sont le plus nécessaires à son existence.

On dira, sans doute, que dans le cas où le navire ne vendrait pas sa cargaison, il serait affranchi du paiement de la taxe. Mais il faut savoir qu'il se rencontre souvent telle circonstance où le pays n'a pas besoin de la totalité des marchandises formant une cargaison, mais seulement d'une certaine partie.

Dans un moment, on manquera totalement de farine ; dans un autre, ce sera la morue propre à la nourriture des noirs qui fera défaut. Or, un navire, arrivant avec l'article demandé, serait disposé à vendre la farine ou la morue qu'il aurait dans sa cargaison, mais s'en trouverait nécessairement empêché par cette énorme taxe qu'il aurait à acquitter ; et, dans ce cas, il préférera lever l'ancre et aller chercher fortune ailleurs, laissant la colonie dans la détresse où il l'aura trouvée, et dont il aurait été si facile de la tirer.

Tel est le danger qui ressort de la disposition dont nous

nous occupons, nous le signalons à l'attention des auteurs du projet, comme méritant d'être pris en sérieuse considération, et nous pensons qu'il conviendrait de s'en tenir à faire payer à ces navires le simple droit de pilotage réglé par l'arrêté local du 16 août 1830.

ARTICLE II.

MARCHANDISES DE LA GUYANE EXPÉDIÉES SUR LA MÉTRO-POLE.

« Les produits de la Guyane française qui jouissent en
« France du privilége colonial, continueront d'être admis
« aux modérations de tarifs fixés par les lois et règlements,
« mais pour les quantités qui seront annuellement déter-
« minées par nos ministres secrétaires d'État de la marine,
« des finances et du commerce, et dont l'origine sera authen-
« tiquement justifiée.

« A cet effet, il sera opéré tous les ans, par les soins de
« l'administration locale, un recensement qui constatera le
« montant des différentes productions, les quantités à dé-
« duire pour la consommation coloniale, et celles auxquelles
« il y aura lieu d'appliquer en France les droits de faveur. »

Cette disposition semblerait, à nos yeux, de nature à annuler complètement tous les avantages qui pouvaient être contenus dans les autres articles du projet d'ordonnance, et à ce point, que nous serions portés à nous demander si mieux ne vaudrait laisser les choses dans l'état où elles sont, que de remanier toute une législation pour un résultat aussi peu important que celui qui, dans ces conditions, pourrait être obtenu.

D'abord, au point de vue de la liberté des transactions, nous voyons dans cette obligation de justifier de l'origine des

produits exportés une entrave extrêmement gênaute, et qui
mettra souvent le commerce dans le cas d'avoir des difficultés
avec la douane, alors qu'aujourd'hui, au contraire, il jouit
d'une entière liberté dans ses expéditions. Cette considération, si contraire aux principes qui prévalent aujourd'hui, et
qui paraissaient d'abord avoir inspiré le projet d'ordonnance,
devrait suffire pour faire renoncer au système de cet article,
si nous n'avions pas à faire valoir un autre motif, qui démon-
trera d'une manière évidente l'impossibilité de son exécution.

Supposons, en effet, que le manifeste réglé par les trois
départements de la marine, des finances et du commerce, ait
fixé à trois millions de kilogrammes la quantite de sucres qui
devra être produite par la colonie dans le courant de l'année,
et qui par conséqnent sera appelée à jouir du privilége colonial ; si un négociant se trouve dès la publication de ce manifeste en possession d'une pareille quantité de sucres du Brésil,
il s'empressera dès-lors d'en faire l'expédition pour France,
et il jouira par conséquent de l'avantage du privilége colonial
au détriment des produits de la colonie, qui, arrivant lorsque
le chiffre de trois millions fixé pour l'importation sera épuisé,
seront assujétis à la surtaxe des produits étrangers.

Dira-t-on que cette substitution pourra être évitée, en
exigeant les certificats d'origine ? Mais comment faire cette
constatation alors que la libre introduction des produits
étrangers sera admise à la Guyane ; alors que ces produits
pourront être reçus dans les magasins de la ville, et circuler,
même, jusque sur les plantations pour s'y confondre avec les
produits du sol ? On se trouverait alors dans cette double
obligation de faire suivre les denrées d'introduction partout
où elles se transporteraient, et de surveiller la production du

pays sur toutes les habitations ; situation qui nécessiterait de nombreux employés, et qui serait intolérable pour les colons.

Ainsi, au point de vue de la liberté des transactions et de l'intérêt des colons, cette combinaison est loin de nous paraître avantageuse. Nous croyons qu'en résultat elle serait si peu profitable au commerce, que la faculté d'introduire les denrées étrangères dans la colonie serait une lettre morte, et dont il ne serait jamais fait usage. Il suffit, pour s'en convaincre, de se rendre compte des frais que les produits étrangers auront à supporter, pour opérer leur transit par le port de Cayenne.

Prenons pour exemple une importation de cotons évalués, au Brésil, à 120 fr. les 100 kilogrammes.

Ils auront à acquitter pour passer par Cayenne et faire retour sur France les frais suivants :

Droits d'entrée dans la Colonie à 5 p. 100.	6 fr.	» c.
Fret du Brésil à Cayenne à 50 fr. le tonneau.	5	»
Frais de déchargement à Cayenne. . . .	0	50
Assurance du Brésil à Cayenne, 1 1/2 p.100	1	80
Magasinage à Cayenne 1 p. 100.	1	20
Frais à l'embarquement.	0	50
Droit colonial à la sortie.	2	»
Commission du négociant à 2 1|2 p. 100. .	3	»
Total des frais pour 100 kilogrammes.	20 fr.	» c.

Ainsi, 100 kilogrammes de coton achetés au Brésil à 120 fr., auront, en passant par Cayenne, surchargé leur prix d'achat d'une somme de 20 fr. N'est-il donc pas évident qu'il serait impossible de les présenter sur le marché de la métropôle en concurrence avec ceux qui seraient venus directement, s'ils étaient également assujettis à payer la surtaxe de 15 fr. qui frappe les cotons étrangers, et ne serait-ce donc pas avoir annulé, par le fait, les franchises commerciales contenues dans l'article 1er du projet d'ordonnance?

Le calcul que nous avons établi pour le coton s'applique également à tous les autres produits du Brésil, et il nous serait facile de prouver que les frais de leur transit par Cayenne égaleraient généralement la surtaxe dont ils sont frappés à leur entrée dans la métropole. Nous ferons seulement une exception pour le café à raison de la surtaxe élevée dont ce produit est frappé en ce moment.

Mais comme on paraît s'accorder à reconnaître que cette surtaxe de 35 fr. par 100 kilogrammes est hors de toute proportion avec la valeur de ce produit, et qu'on ne tardera pas à retoucher à cette législation, de ce moment il rentrera dans la situation des cotons, c'est-à-dire, que ses frais de transit compenseront entièrement la surtaxe qu'il aura à acquitter.

Dans de telles conditions, il est facile de comprendre que si la législation n'accordait pas aux produits étrangers venant de la Guyane une taxe de faveur, l'ordonnance dont nous nous occupons n'aurait véritablement rien concédé, et qu'en résultat ses effets se borneraient à avoir inutilement assujetti le commerce à l'obligation des certificats d'origine, pour les marchandises d'exportation, alors qu'aujourd'hui cette formalité, toujours gênante, n'existe pas. C'est-à-dire, qu'à l'inverse des idées qui prévalent aujourd'hui, on aurait élevé une barrière là où existait la liberté.

Telle ne saurait être, nous en sommes convaincus, la pensée du département du commerce, et il nous suffira, sans doute, d'avoir exposé la difficulté pour lui préparer une solution convenable. Cette solution, la seule à notre avis qui soit de nature à répondre à ses vues bienveillantes, consisterait à traiter tous les produits naturels venant de la Guyane sur le pied de parfaite égalité, et à les admettre sans distinction d'origine à jouir à l'importation, de la faveur des tarifs des produits français.

Cette disposition, en ouvrant le port de Cayenne à l'importation de tous les produits naturels du Brésil, établirait entre cette contrée et notre colonie un mouvement d'affaires qui pourrait être très profitable à celle-ci, et servir d'aliment à notre navigation nationale pour faciliter ses retours sur l'Europe. Dès-lors, nous ne verrions plus comme aujourd'hui des navires d'un petit tonnage obligés de demeurer deux ou trois mois sur rade avant de parvenir à compléter un faible chargement qui, au moment de mettre sous voile, se trouve déjà en partie mangé par les frais d'un aussi long séjour dans la colonie. L'agriculture, de son côté, profiterait de cette amélioration commerciale, soit par la diminution du prix des marchandises de consommation, soit par l'augmentation de la valeur des produits de la colonie, pnisque, en fin de compte, c'est toujours sur le producteur colon que retombent tous les mécomptes éprouvés par le commerce chargé de l'approvisionner.

Cette proposition pourra, au premier aperçu, paraître radicale, et même contraire aux intérêts des colonies qui demandent le maintien de la protection accordée à leurs produits contre ceux de l'étranger ; mais si l'on examine la question dans ses détails, on reconnaîtra que par le fait nous ne faisons à ces derniers qu'un avantage à peine suffisant pour les détourner de la voie directe, et qu'il ne se trouvera véritablement de bénéfices que dans les opérations liées qui s'appuieront sur les besoins intérieurs de la colonie. Or, ces opérations, tout intéressantes qu'elles puissent être pour la Guyane, n'auront jamais qu'un développement fort peu important comparativement au commerce de la France avec les pays étrangers.

Et, en effet, nous exclurons d'abord de toute possibilité d'être appelés à jouir de l'avantage que nous proposons de leur accorder, les produits des colonies situées au vent de la Guyane qui en sont naturellement écartés par les difficultés de la navigation. Ainsi, les cotons de la Nouvelle-Orléans ne viendraient pas à Cayenne y chercher le bénéfice de la francisation, les cafés de Saint-Domingue, les cacaos de la côte ferme ne se soumettront pas aux frais d'une double navigation pour un avantage aussi peu important. Il n'y aura donc véritablement que les produits du Brésil qui seront appelés à jouir de cette faveur ; mais pour ceux-ci, nous le répétons, l'importation à Cayenne ne pourra avoir lieu que comme complément d'une opération, et non comme but direct d'une spéculation.

Quant à la protection légitimement due aux produits de nos colonies, elle n'aura aucunement à en souffrir, puisque si d'une part nous allégeons les produits étrangers de la surtaxe qu'ils devraient acquitter, il faut reconnaître aussi qu'en les forçant, pour obtenir cette faveur, à passer par notre colonie, nous leur imposons des charges qui équivalent au moins à cette surtaxe. Et peu importe, après tout, à nos produits nationaux, que les produits étrangers se présentent sur le marche de la métropole grevés d'une surtaxe de 20 p. 100 ou de frais d'une pareille importance, le résultat en sera toujours le même.

Enfin, on pourra peut-être objecter que nous établissons

le trésor public en perte du produit de cette surtaxe, mais nous ferons observer que tout ne serait pas perte pour lui dans cette opération, puisque d'abord ces marchandises acquitteraient à leur entrée et à leur sortie de la colonie des droits assez importants qui, rentrant dans le trésor public, réduiraient d'autant les dépenses qu'il fait annuellement pour la colonie, de telle sorte que le déficit réel serait si peu important qu'on n'aurait pas à regretter le léger sacrifice que l'on aurait fait au développement de notre navigation, et à la prospérité d'une de nos plus intéressantes possessions.

ARTICLE III.

« A partir de ladite époque, 1er janvier 1847, les bois de « toute espèce et les cotons en laine originaires de la Guyane « seront admis dans les ports en franchise de droits.»

Comme conséquence de l'opinion que nous venons d'émettre en faveur de la francisation des produits étrangers passant par la Guyane en transit, nous pensons qu'il y aurait une simple modification à faire à cet article, laquelle consisterait à substituer le mot *venant* à l'expression *originaire* portée au projet. Mais cependant si notre opinion ne devait pas prévaloir, et qu'il dût être fait une distinction entre les produits étrangers et ceux originaires de la Guyane, nous croirions alors devoir appeler l'attention du gouvernement sur les cafés de la Guyane, et demander pour ce produit la même faveur que pour les cotons.

Le sol de la Guyane est éminemment propre à la culture du cafier, cette plante s'y développe avec une grande richesse de végétation, et donne un produit fort estimé de tous les amateurs; si la culture n'en est pas aussi étendue que ces conditions auraient dû l'établir, nous croyons que cela a tenu en grande partie au peu d'expérience des colons qui s'en sont occupés. Chaque pays, chaque climat exige une manière particulière de traiter une plante quelconque, et ce n'est qu'à force d'essais, à la suite d'une longue expérience, que les bonnes doctrines finissent par prévaloir; or, les pays neufs ne sont certainement pas des pays d'expérience, et, si un planteur n'y réussit pas dans une culture, sans en rechercher la cause, il se hâte de l'abandonner pour en entreprendre une nouvelle. Nous pensons que tel a été le sort de la culture du cafier à la Guyane. Le gouvernement, en accordant à ce produit la faveur de pouvoir être importé en franchise de droits, attirerait sans aucun doute l'attention des planteurs sur cette culture si propre d'ailleurs à servir d'occupation à la classe des nouveaux affranchis, en ce qu'elle ne demande pas à être faite en grand, et n'exige l'avance d'aucun capital.

En terminant l'examen du projet d'ordonnance sur lequel M. le ministre de la marine a bien voulu prendre notre avis, nous croyons devoir, dans l'intérêt de la Guyane et du commerce qui fréquente cette colonie, appeler son attention sur une mesure importante qui pourrait être utilement introduite dans la nouvelle ordonnance. Elle consisterait à onvrir la rivière d'Approuague au commerce national et étranger, en y établissant un bureau de douanes. Cette proposition, plusieurs fois renouvelée par le conseil colonial qui, avec juste raison, y attache un grand intérêt, a été combattue par le gouvernement colonial, et paraît même avoir réuni contre son adoption l'opinion de l'inspecteur des douanes, M. Itier.

Les raisons que l'on a fait valoir sont toutes puisées dans le peu d'importance des produits de ce quartier qui, suivant l'opinion des adversaires de la proposition, ne mériteraient pas la création d'un bureau de douanes spécial pour l'expédition des navires qui pourraient venir les charger. Mais tout le monde s'accorde, du reste, à reconnaître que cette rivière, au point de vue de la navigation, offre un port aussi sûr que celui de Cayenne, et dont l'entrée et la sortie sont extrêmement faciles. Ainsi, sous ce rapport, nulle difficulté, et ceci est un point important de la question, car nous pouvons dèslors retourner la proposition, et dire que c'est précisément parce qu'on s'est toujours refusé à accueillir le commerce sur ce point que ce quartier où se trouvent lesterrains les plus fertiles de la co lonie, n'a jamais pris le développement auquel il était appelé naturellement par les nombreux avantages qu'il possède.

S'il fallait nous appuyer, pour prouver cette proposition, sur l'opinion des personnes les plus compétentes dans la question, nous citerions celle des deux hommes qui aient le mieux compris la Guyane française, MM. de Malouet et Guisan, lesquels, dans leurs différents écrits sur cette colonie, ont établi d'une manière incontestable la supériorité de la partie sud de cette contrée, située de la rivière de Mahury à celle d'Oyapock, et dont le quartier d'Appronague est le centre, sur la partie nord comprise entre le Mahury et le Maroni, à laquelle le port de Cayenne sert de centre (1).

Or, pour que cette partie du territoire de la colonie, si avantageusement partagée, ait été négligée jusqu'à ces derniers temps, et pour que les colons aient préféré s'établir

______

(1) Mémoires de M. de Malouet, t. 2, p. 249.

dans la partie du nord qui ne leur offrait aucuns des avantages qu'ils eussent pu rencontrer ailleurs, il a fallu un motif puissant, et ce motif n'a pas été autre que la proximité du port de Cayenne, du siége du commerce et des affaires..

Ceci se comprendra facilement, si l'on veut se rendre compte des charges qui résultent en ce moment pour les planteurs établis dans la rivière d'Appronague, de leur éloignement du port de Cayenne; nous allons en donner un aperçu :

La statistique de la Guyane nous apprend qu'il existait en 1840, dans la rivière de d'Appronague, vingt-une sucreries peuplées de 1845 esclaves... soit en moyenne quatre-vingt-huit esclaves par habitation ; or, nous savons qu'un établissement de cette nature, cultivé par quatre-vingt-huit travailleurs, produit en moyenne 100,000 kilog. de sucre par an, soit donc annuellement une production de 2,100,000 kilogrammes, ou mieux de. . . .   4,200 barriq. de 500 kil.

La production de la mélasse étant dans la proportion de 40 p. 100 à celle du sucre, nous aurons en ce produit. . . . . . .   1,600 barriques.

Total. . . .   5,800

Pour être rendue à Cayenne, chaque barrique paie à des navires caboteurs qui se chargent de ce transport, un fret de 10 fr., soit . . . . fr.   58,000

Mais ces habitations ont encore une dépense d'entretien que l'on ne saurait évaluer annuel-

à reporter. . . .   58,000

report.   58,000

lement au-dessous de 25,000 fr. par propriété,
et comme elles ne peuvent se procurer les objets qui leur sont nécessaires qu'à la ville de
Cayenne, ces objets, pour être envoyés à Appronague, doivent acquitter un fret que nous
n'évaluerons pas à moins de 5 pour cent, *ad va-
lorem*, soit en totalité.   21,250

A ces sommes, il faut ajouter les commissions des négociants auxquels les planteurs éloignés de la ville sont obligés d'avoir recours pour
faire leurs affaires. Ces commissions sont de 2
pour cent sur la recette et la dépense, soit environ.   26,000

Total des frais occasionnés par l'éloignement. . fr. 105,250

Si nous divisons cette somme de 105,250 fr. par les vingt-
une habitations sucreries, nous avons pour chacune d'elle un
surcroît de dépense de 5000 fr. environ qui équivaut à 2 1/2
pour cent du capital employé, c'est-à-dire au produit net des
propriétés foncières en France. Eh bien ! ces frais si importants dans l'état de détresse où se trouve aujourd'hui l'agriculture de la Guyane pourraient être évités par l'établissement d'un bureau de douanes dans le quartier d'Appronague,
mesure qui s'opèrerait aujourd'hui avec d'autant plus de fa-
cilité que tous les éléments propres au développement d'un
bourg s'y trouvent déjà réunis, car il y existe un poste mili-
taire, une mairie, une justice de paix, une église ; enfin il n'y
manque que quelques marchands qui viendraient bientôt s'y

établir du moment qu'il s'y rencontrerait quelques éléments de commerce.

A ces considérations, nous ajouterons que, depuis l'avis émis par le conseil privé de Cayenne, avis basé sur le peu d'importance du quartier d'Appronague, ce quartier a pris un développement très remarquable; il y a été transporté un grand nombre de cultivateurs des autres parties de la colonie, lesquels ayant été distribués sur les vingt-une sucreries, en ont presque doublé la population, et promettent, par conséquent, d'en voir prochainemeut doubler la production.

Ajoutons de plus que, par les soins de l'administration coloniale, il a été ouvert un canal de jonction entre la rivière de Kaw et celle d'Appronague, au moyen duquel les deux quartiers peuvent communiquer par une navigation intérieure de deux à trois heures au plus, de telle sorte qu'ils pourraient ne former aujourd'hui qu'une seule et même commune. Le quartier de Kaw réunit une population de 870 cultivateurs distribués sur vingt-huit habitations, et si à ces chiffres nous ajoutons la population du quartier d'Oyapock, également intéressé à l'ouverture du port. nous aurons le résultat suivant :

	Population.
Rivière d'Appronague, environ. . . .	3,500
Rivière d'Oyapock.	490
Rivière de Kaw	870
Soit une population totale de. . .	4,860

cultivateurs, dont la production égalera au moins celle de tout le reste de la colonie.

Il est une autre considération que nous ferons valoir ici, à laquelle on n'a jamais pensé et qui cependant mérite aujourd'hui de fixer l'attention ; elle est puisée dans le principe de la loi de 1845, qui appelle les esclaves à la liberté par la constitution d'un pécule, fruit de leur travail et de leurs épargnes. Il suffit d'envisager la position des esclaves domiciliés dans les trois quartiers que nous venons de citer, pour être certain que la loi de 1845 n'aura pour eux, sous ce rapport, aucune espèce de valeur, et que l'éloignement où ils se trouvent de tout centre de commerce ne leur permettra pas de se créer ce pécule qui doit être la source de leur liberté.

Par quels moyens, en effet, doivent-ils pouvoir atteindre le but que la loi leur a indiqué ? Par la culture de leur jardin et la revente de l'excédant de leurs produits, après en avoir prélevé les besoins de leur consommation. Mais comme leur alimentation ne se borne pas aux végétaux qu'ils pourront récolter, ils vont se trouver dans l'obligation d'acheter les autres aliments propres à leur nourriture, tels que bœuf salé, morue, beurre, etc. ; or, ces transactions nécessitent déjà un centre de commerce, pour qu'elles puissent s'opérer avec quelque régularité ; il est donc nécessaire de mettre ce centre commercial à la portée de ceux qui y ont intérêt, et c'est là un puissant motif en faveur de la proposition que nous soutenons.

Dans la situation actuelle, les esclaves des trois quartiers du sud de la colonie, éloignés de quinze à vingt lieues du port de Cayenne, n'y paraissent jamais et sont soumis, pour leurs petites transactions, aux exactions de quelques marchands colporteurs qui passent sur les habitations et y exploitent l'ignorance de ces pauvres gens. Aussi n'ont-ils, en quelque département du commerce pour faire introduire, dans la nouvelle ordonnance, les modifications que nous avons indiquées comme étant seules propres à rendre cette mesure utile et profitable aux differents intérêts qu'elle concerne.

Le délégué de la Guyane française,

M. FAVARD.

Paris, le 8 décembre 1846.

Nota. *Les propositions consignées dans la présente note ayant été adoptées par M. le ministre de la marine et des colonies, font aujourd'hui l'objet d'un examen sérieux entre les départements de la marine, du commerce et des finances. On peut donc espérer que, avant longtemps, la Guyane pourra jouir d'une nouvelle législation des douanes qui, en offrant à son commerce les moyens de se développer et de s'étendre avantageusement, sera également profitable à son agriculture.*